動物たちと楽しく学んで語彙（ごい）が身につく

もふかわ ことわ 慣用句

JN114741

員会

はじめに

突然ですが、問題です！
「心を奪われる」、「目がない」、「我を忘れる」。
この三つのことわざ・慣用句が共通して表しているものは何でしょう。

正解は……「夢中になる」です！
この本では、思わず「夢中」になって読んでしまうような、モフモフしていて、かわいい動物たちと一緒に、明日から使いたくなることわざ・慣用句を紹介します。
ことわざ・慣用句とは、生きていくうえで役立つ知恵や教訓をまとめた言葉です。

「小田原評定」、「旅は道連れ世は情け」、「非力十倍、欲力五倍」など一見するとちょっと難しそうなこれらのことわざ・慣用句も、クスッと笑えてほっこり癒されるもふかわな動物たちの写真と、おもしろいマンガで楽しく学べることまちがいなし。動物たちの生態について紹介しているアニマルメモもあるから動物にも詳しくなれちゃう、まさに「至れり尽くせり」な一冊です。

この本を通していろいろなことわざ・慣用句を知って、ぜひ生活の中で使ってみてください。

さあ、もふかわ動物たちと一緒に、一生ものの表現力を身につけましょう!

めちゃモフ委員会

もくじ

あ行

か行

さ行

た行

な行

は行

ま行

や・ら・わ行

この本の使い方

クスッと笑える動物の3コマまんが

ことわざ・慣用句の意味

写真の動物の名前

危ない橋を渡る

最近天敵のオウギワシが多くなってきたね

キケンだけどしかたない　むこうの森に移動しよう！

のろ――

そろ――

※ナマケモノは移動速度がおそい

危険な手段をとることのたとえ。

ナマケモノ

例文

まわりから見れば安全な状況でも、ナマケモノにとっては危ない橋を渡っている。

アニマルメモ

ナマケモノはいざというときの非常食として、自分の体の毛に藻を育てているよ。

21

20

ことわざ・慣用句を使った例文

写真の動物に関する豆知識

一緒に勉強するニャ！

あ行

開いた口が塞がらない

驚いたり呆れたりして、言葉が出ないさま。

例文

カンムリキツネザルは、葉っぱのあまりの酸っぱさに開いた口が塞がらない。

アニマルメモ

カンムリキツネザルの頭にある冠の形をした模様は子どもにはないよ。

合の手を入れる

歌や踊りに合わせて手拍子を打ったり、掛け声をかけること。

例文

オーストラリアン・シェパードは、隣で歌う飼い主に合の手を入れるのが得意だ。

アニマルメモ

名前にオーストラリアとつくけど、実はアメリカ出身の牧畜犬だよ。

ハイッ！

ハイッ！

オーストラリアン・シェパード

食べて寝てるだけだよ。

ジャイアントパンダ

胡坐をかく

のんきにかまえて、何の努力もしないことのたとえ。

例文

ジャイアントパンダは、胡坐をかいて過ごしていても動物園で1番の人気者だ。

アニマルメモ

ジャイアントパンダはよく竹を食べているけど、実は肉食動物だよ。

足が地に着かない

緊張や興奮のため心が落ち着かない様子。

例文

ヒツジは気持ちがいい陽気に、足が地に着かないような心地で遊んでいる。

アニマルメモ

ヒツジは寂しがりやで、1匹が動くと全員一緒に動くよ。

足が付く

犯人や逃亡者の行方がわかる。

例文

犯行現場に残された痕跡からごはんどろぼうの足が付いた。

足が付く

アニマルメモ

ゴールデン・レトリーバーは、風船を割らないでくわえることができるよ。

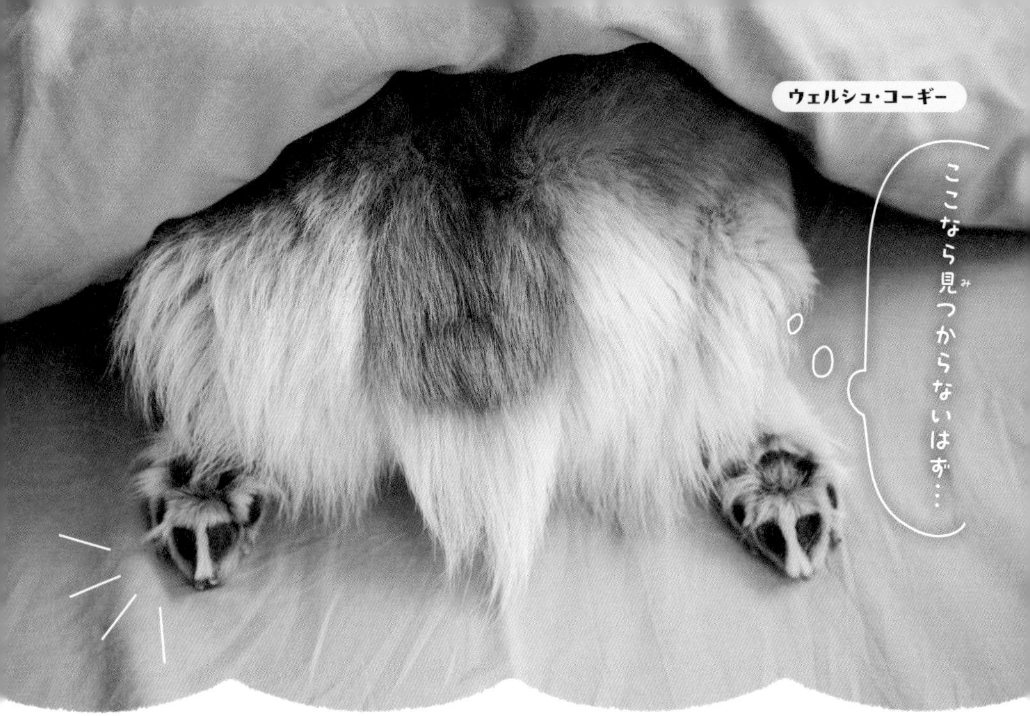

ウェルシュ・コーギー

ここなら見つからないはず…

頭隠して尻隠さず

一部を隠して全部を隠したつもりでいるさま。

例文

コーギーはかくれんぼのとき、いつも頭隠して尻隠さずですぐに見つかる。

アニマルメモ

コーギーは牧羊犬として活躍していたから、牛やヒツジに踏まれないように尻尾が短いよ。

頭を抱える

困ったことや心配事があり、ひどく悩んで考え込むさま。

例文

ラッコは目が覚めたら知らない場所まで流されていて、頭を抱えた。

アニマルメモ

ラッコは、脇の下にポケットがあって、貝を割る石を入れているよ。

ぼくのほうこそ。

あのときはごめん。

ジェンツーペンギン

頭を下げる

おじぎをする。謝罪をすること。

例文

ジェンツーペンギンはケンカをした後、お互いに頭を下げて仲直りした。

ジェンツーペンギンはペンギンのなかで唯一足の色が黄色いペンギンだよ。

呆気に取られる

思いがけないことに出くわして、驚き呆れる。

例文

レッサーパンダは、目の前を一瞬で通り過ぎたお客さんに呆気に取られた。

アニマルメモ

レッサーパンダは、足の裏まで毛が生えているよ。

レッサーパンダ

へ?!

のろ――　――

危ない橋を渡る

最近天敵のオウギワシが多くなってきたね
キケンだけどしかたない　むこうの森に移動しよう！

※ナマケモノは移動速度がおそい

危ない橋を渡る

危険な手段をとることのたとえ。

例文

まわりから見れば安全な状況でも、ナマケモノにとっては危ない橋を渡っている。

アニマルメモ

ナマケモノはいざというときの非常食として、自分の体の毛に藻を育てているよ。

いざっ！

シロフクロウ

いざ鎌倉

一大事が起こり、とりあえず駆けつけるべきときのたとえ。

例文

シロフクロウは仲間のピンチに、「いざ鎌倉」と急いで巣を飛び出した。

アニマルメモ

フクロウといえば夜行性のイメージがあるけど、シロフクロウは主に昼に活動しているよ。

石の上にも三年

困難なことでも辛抱すれば、いつか必ず成し遂げられるということ。

例文

コツメカワウソは石の上にも三年と思い、毎日好きな子に美味しいごはんを届けている。

アニマルメモ

コツメカワウソは自分の縄張りを示すために、お尻から強いにおいを出すよ。

至(いた)れり尽(つ)くせり

配慮(はいりょ)が細(こま)かく行(い)き届(とど)いていて申(もう)し分(ぶん)ないこと。

例文(れいぶん)

お母(かあ)さんプレーリードッグは、子(こ)どものために至(いた)れり尽(つ)くせりで世話(せわ)をしている。

至(いた)れり尽(つ)くせり

ハイぼうや
いっぱいたべてね
のどかわいたの？
川(かわ)までおんぶしてあげるわ
ワ～イ

オイオイ
甘(あま)やかしすぎじゃないか？
少(すこ)しは歩(ある)かせたらどうだ
でもケガとかしたら大変(たいへん)だし…

一年後(いちねんご)
でん
ちょっと甘(あま)やかしすぎたかしら…

アニマルメモ

プレーリードッグの巣(す)は土(つち)の中(なか)で、子(こ)ども部屋(べや)、寝室(しんしつ)、トイレなど部屋(へや)が分(わ)かれているよ。

石橋をたたいて渡る

用心の上にも用心深く物事を行うことのたとえ。

例文

フェアリーペンギンの子どもたちは、敵から身を守るため何事も石橋をたたいて渡る精神だ。

アニマルメモ

フェアリーペンギンは世界最小のペンギンで、身長は30cmほどしかないよ。

馬が合う

気が合うこと。相性がいいこと。

例文

ファラベラたちは、馬が合うのでいつも一緒に遊んでいる。

アニマルメモ

嗅覚が優れていて、自分の子どもや飼い主をにおいだけで区別することができるよ。

ファラベラ

ぼくたちなかよし。

らくちん♪

カピバラ

大船に乗ったよう

信頼できる者に任せて、安心しきっている様子。

例文

カピバラは大船に乗った気持ちで川渡りを楽しんでいる。

アニマルメモ

カピバラが泳ぎが得意なのは、指と指の間に水かきがあるからだよ。

小田原評定

長引いてらちが明かず、さっぱりまとまらない相談。

例文

カンガルーの夫婦の子育てについての話し合いは、小田原評定となっている。

アニマルメモ

カンガルーは、後ろ向きに歩くことができないよ。

カンガルー

どうするのよ！

だからわからないって…

ありがとう！

一緒に食べよう！

シジュウカラとキタリス

同じ釜の飯を食う

生活を共にした親しい仲間であることのたとえ。

例文

シジュウカラとキタリスは、同じ釜の飯を食う仲で、お互いエサを分け合っている。

アニマルメモ

キタリスは冬に備えて、土の中にドングリを蓄えるけど、埋めた場所を忘れるときもあるよ。

鬼の居ぬ間に洗濯

こわい人や気づまりな人がいない間に、のびのびとくつろぐこと。

例文

子アザラシはお母さんが出掛けたので、鬼の居ぬ間に洗濯とばかりにのびのびと過ごしている。

アニマルメモ

アザラシはつねに鼻の穴が閉じているので、水中で眠ることができるよ。

アザラシ

お母さんはぼくが守る！

親(おや)思(おも)う心(こころ)に勝(まさ)る親心(おやごころ)

子(こ)が親(おや)のことを思(おも)う心(こころ)よりも、親(おや)が子(こ)のことを思(おも)う心(こころ)のほうが、より深(ふか)いということ。

親思う心に勝る親心

おかーさん!
きょうは
さむいから
ぼくがあっためて
あげる
ま~っ
ありがとう

じゃあここに
入ってくれる?
くっついてたら
あったまるわよ
おっけー!
すっぽ

あったか~
いね!
そうね~

例文

子(こ)どもを守(まも)るお母(かあ)さんホッキョクグマの姿(すがた)は、まさに親(おや)思(おも)う心(こころ)に勝(まさ)る親心(おやごころ)だ。

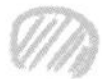

アニマルメモ

ホッキョクグマの毛(け)は白(しろ)く見(み)えるけど、実(じつ)は透明(とうめい)なんだよ。

ハクチョウの親子
ぼくたち、まだ泳げません…。

親の脛をかじる

子どもが独立した生活ができずに親に養われて生活すること。

例文

ハクチョウの子どもは、泳ぐ練習をせずに親の脛をかじる日々を送っている。

アニマルメモ

ハクチョウはごはんを食べるとき、逆立ちをするよ。

か行(ぎょう)

影を潜める

今まで表立っていた人や物が姿を消すこと。

例文

リスはどんぐり拾い競争に負けてから、活発だった性格は影を潜め、巣に隠れている。

アニマルメモ

リスは寝るときに自分の尻尾を枕にして眠るよ。

固唾を呑む

事の成り行きを心配して、緊張しているさま。

例文

ワオキツネザルは、友だちが好きな子に告白する様子を、固唾を呑んで見守った。

アニマルメモ

ワオキツネザルは、自分の体長よりも長い尻尾を持っているよ。

キャバリア・キング・チャールズ・スパニエル

まいった。

兜を脱ぐ

降参すること。

例文

キャバリア・キング・チャールズ・スパニエルは、完敗する前に兜を脱いだ。

アニマルメモ

名前にある「チャールズ」はイギリスの国王に由来しているよ。

壁に耳あり障子に目あり

隠し事はとにかく漏れやすいものだから、注意した方がいいということ。

例文

内緒話をするときは気をつけよう。壁に耳あり障子に目ありで、どこでマヌルネコが見聞きしているかわからない。

アニマルメモ

マヌルネコは足が短くて、たまに雪に足が埋まって動けなくなることがあるよ。

マヌルネコ

マヌルネコは見た！

ZZZZzzzzz…

果報は寝て待て

気長に運の向いてくるのを待っているほうがよいというたとえ。

例文

コアラは果報は寝て待ての気持ちで運が来るのを待った。

アニマルメモ

コアラは1日20時間も眠って過ごすよ。

果報は寝て待て

今日の占い
キミの運サイアクだって～
む

いいさ
果報は寝て待てだ
気長に運が来るのを待つだけさ

――って寝てたら今日がおわっちゃった
とっぷり
ZZZZ…
ある意味正しい過ごし方かもしれない…

蚊帳の外

無視され、不利な扱いを受けること。

例文

カップルと一緒に遊びに出掛けたコキンメフクロウは、ずっと蚊帳の外だった。

アニマルメモ

コキンメフクロウは洞窟や崖、木の穴、土の穴などいろいろな場所に巣を作ることができるよ。

堪忍袋の緒が切れる

もうこれ以上我慢できなくなり、怒りを爆発させることのたとえ。

例文

ジェンツーペンギンは、自分ばかりエサをとりに行かされて、堪忍袋の緒が切れた。

ジェンツーペンギンのオスはメスに巣を作るための小石をプレゼントするよ。

コツメカワウソ

願を掛ける

知ってる？流れ星に願いごとを3回唱えると叶うんだって！
へー！

でも流れ星はすぐきえちゃうからむずかしいって
よし！
スタンバイしておくぞ

なかなかこないねー
むむ…

願を掛ける

願い事が叶うように祈ること。

例文

コツメカワウソは願を掛けるために流れ星を待ち続けた。

アニマルメモ

コツメカワウソは、水に流されて迷子にならないように仲間と手をつないで眠るよ。

気に病む

心にかけていろいろ心配する。

例文

モルモットは、飼い主の帰りが遅いことに何かあったのではと気に病んでいる。

アニマルメモ

モルモットの歯は一生伸び続けるよ。

牙を剥く

敵意や怒りを表に出すこと。

例文

スナネコはお気に入りの岩場に近づいてきた仲間に、牙を剥いた。

アニマルメモ

スナネコは、暑い砂漠の上でやけどしないように、足の裏に長い毛が生えているよ。

スナネコ

あっちいって!!

九死に一生を得る

九死に一生を得る

ほとんど助かる見込みのない状態から奇跡的に助かること。

例文

猫は木登りに失敗して落ちかけたが、家族が見守っていたから九死に一生を得た。

アニマルメモ

猫は人間よりも骨の数が約40本も多いんだよ。

清水の舞台から飛び降りる

思い切って実行すること。

例文

シロイワヤギは、清水の舞台から飛び降りる覚悟で、ぜっぺきの岩場をジャンプした。

アニマルメモ

シロイワヤギは、1回のジャンプで3mも跳ぶことができるよ。

気を失う

意識をなくすこと。

例文

ロバは、仲間が急に大声を出したので、驚いて気を失ってしまった。

ロバの耳が大きいのは、耳で体温を調節して暑さに耐えるためだよ。

ロバ

もうダメだ〜。

お腹さわって〜!

ポメラニアン

気を許す

相手を信頼して、警戒心や緊張をなくすこと。

例文

ポメラニアンは飼い主にすっかり気を許していて、すぐにお腹を見せてしまう。

アニマルメモ

ポメラニアンの祖先は、ソリを引いたり番犬として働いた大型犬だよ。

口が滑る

ついうっかり言ってしまうこと。

例文

オットセイは、口を滑らせ内緒話を他の仲間に喋ってしまった。

アニマルメモ

長時間水に入っても、濡れるのは表面の毛だけで、中の毛や皮膚は乾いたままだよ。

口は災いの元

うっかり言ったことが災難を招くもとになるということ。

例文

ラッコは好物の貝がたくさん取れる秘密の場所を喋ってしまった。口は災いの元だ。

アニマルメモ

ラッコは寒くなると、ほっぺに手を当てて温めるよ。

首を傾げる

首を傾けて考えること。

例文

サイベリアンは、いつもの場所におやつがないことに首を傾げた。

アニマルメモ

サイベリアンは猫のなかでも珍しい、トリプルコートという構造の被毛を持っているよ。

なんだって〜?

サイベリアン

首を長くする

あることが実現するのを待ち望むさま。待ち焦がれること。

例文

アルパカは空が晴れるのを首を長くして待っている。

首を長くする

どんより
最近くもり続きだね
アルパカかわいい
きっとそのうち晴れの日がくるよ
首を長～くしてまとう

だからそんなに首が長いの？
ハハハそうかもね

のびー
えっ？
どれだけ長く待ってたんですか!?
きりん

アニマルメモ

アルパカは胃ぶくろを3つも持っているよ。

シジュウカラガン

着地しっぱい…。

弘法にも筆の誤り

その道にすぐれた人でも、時には失敗することがあるというたとえ。

例文

着地が得意なシジュウカラガンが滑って転ぶなんて、弘法にも筆の誤りだ。

アニマルメモ

シジュウカラガンのクチバシは歯ブラシのようにギザギザしているよ。

心が弾む

楽しいことや嬉しいことがあって、気持ちがうきうきすること。

例文

ポメラニアンは、飼い主とのピクニックに心が弾んだ。

アニマルメモ

日本では「ポメ」の愛称で呼ばれているけど、アメリカでは「ポム」と呼ばれているよ。

ルンルン

ポメラニアン

ぽ〜〜〜

心を奪われる

あるものに強く魅力を感じたり感銘を受け、夢中になること。

心を奪われる

フフン!
わたくしは高貴なねこ!
わたくしよりうつくしいものなどみたことないわっ

はっ…
ひらひら…

ぽ〜〜…
なんてうつくしいの…

例文

ノルウェージャンフォレストキャットは、思いがけないものに心を奪われた。

アニマルメモ

ノルウェージャンフォレストキャットは、猫では珍しく寒さにとっても強いよ。

びっくり!

シベリアン・ハスキー

腰を抜かす

動けなくなるほど、ひどく驚くさま。

例文

ハスキーは、はじめて見たカエルに腰を抜かした。

アニマルメモ

ハスキーは他の犬に比べて、目の色が左右で違うオッドアイを持って生まれる子が多いよ。

さ行
ぎょう

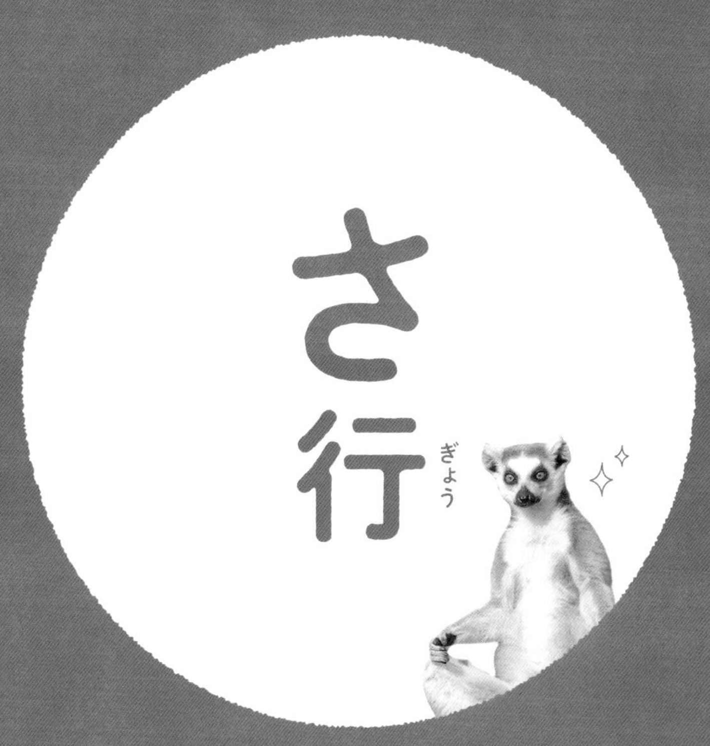

ウサギ

ぼくが先だよ〜！

わたしが先！

先んずれば人を制す

他人よりも先に事を行えば、有利な立場に立てること。

例文

ウサギは先んずれば人を制すで、相手より先にエサ場に行こうと必死だ。

アニマルメモ

ウサギは嗅覚が優れているかわりに、視力は実は0.05くらいしかないよ。

さ

匙を投げる

成功の見込みが立たず諦めること。

例文

シファカは、マラソン大会で頑張って走っても前の選手が見えず匙を投げた。

アニマルメモ

シファカは体温調節が苦手なため、日光で体を温めてから活動するよ。

ユキウサギ

ぎゅっ

ぎゅっ

三人寄れば文殊の知恵

三人集まって考えれば、一人ではとうてい出ない良い知恵が出ること。

例文

ユキウサギは三人寄れば文殊の知恵で、お互い体をくっつけて寒さをしのいだ。

アニマルメモ

ユキウサギの毛は普段は茶色だけど、冬は敵に見つからないように雪と同じ白色になるよ。

舌鼓を打つ

美味しい物を食べて満たされる様子。舌を鳴らすこと。

例文

サモエドは、いつもより高級なおやつに舌鼓を打った。

アニマルメモ

サモエドはソリを引いたりトナカイを守ったり、時にはクマの狩りをする勇敢な犬だよ。

サモエド

うまい。

次があるさ。

……うんっ

だいじょうぶ？

コウテイペンギン

失敗は成功のもと

失敗してもその原因をつきつめて改善すれば成功に近づくということ。

例文

氷の上を上手に歩けない友だちを、失敗は成功のもとだよと励ました。

アニマルメモ

コウテイペンギンのオスは、約120日間何も食べないで卵やヒナを守るよ。

尻尾を出す

隠していたことがばれること。化けの皮がはがれる。

例文

シェットランド・シープドッグは、尻尾を出すまいとしげみに隠れている。

アニマルメモ

シェルティはとっても賢い犬で、3歳の人間と同じくらいの知能があるといわれているよ。

シェットランド・シープドッグ

バレたか…。

ゲラダヒヒ

心血を注ぐ

心身のありったけを尽くして物事にあたること。

例文

ゲラダヒヒは、心血を注いで砂の芸術作品を作っている。

アニマルメモ

ゲラダヒヒのケンカは、にらめっこで勝負をするよ。

水魚の交わり

とても仲がよく、離れがたい交際や友情のこと。

例文

猫のカップルは水魚の交わりの仲で、なんでも助け合っている。

アニマルメモ

猫は砂漠出身の生き物だから、水が苦手だよ。

ネコのカップル

うんっ！

ずっと一緒だよ。

ワオキツネザル

住めば都

どんな所でも住み慣れてしまえば、住み心地がよくなるというたとえ。

例文

ワオキツネザルにとってどんなに狭い所でも、居心地がいいこの場所は住めば都だ。

アニマルメモ

ワオキツネザルはケンカをするときに、お互いのにおいをかいでくさかったほうが勝つよ。

住めば都

そんなトコに いないで おりてきなよ～
なんか 居心地 よくて…

かゆいとこありませんか～？
あ～そこそこ
カピバラ

世話を焼く

他人の手助けをすること。面倒を見ること。

例文

カピバラは世話を焼くのが好きで、いつも仲間にマッサージをしてあげている。

アニマルメモ

実はカピバラは世界で1番大きなネズミの仲間なんだよ。

た行（ぎょう）

まちがいない！

太鼓判を捺す

絶対に間違いないと保証すること。

太鼓判を捺す

ぜったいに
右でまちがいない？

ぜったいに
右でまちがいない！

じっ…
ざんねん！
はずれ〜っ

例文

みんなは彼が太鼓判を捺したものは信頼をしている。

アニマルメモ

犬は血液型が8種類もあるといわれているよ。

ウォンバット

小さい。

大きい。

大なり小なり

多かれ少なかれ。程度の差はあれど。

例文

同い年でも、大なり小なり体格に違いはあるものだ。

アニマルメモ

ウォンバットのお腹の袋は、穴を掘った時に土が入らないように後ろ向きについているよ。

高み（たか）の見物（けんぶつ）

安全なところから、事の成り行きを傍観すること。

例文

仲間のケンカに高みの見物を決め込んだ。

アニマルメモ

ミーアキャットは太陽の光から目を守るために、目のまわりが黒いよ。

た

グレート・ピレニーズ

ねーねー、お願いっ！

立っているものは親でも使え

急用のときは、そばに立っている者に頼むのがよいということ。

例文

グレート・ピレニーズは立っているものは親でも使えと、お父さんにお使いを頼んだ。

アニマルメモ

グレート・ピレニーズは、ヒツジをオオカミやクマから守る超大型犬だよ。

狸寝入り

寝たふりをすること。

例文

カンガルーは、いたずらがバレそうになったので狸寝入りをして知らないふりをした。

アニマルメモ

1番大きな種類のカンガルーは、身長が2mもあるよ。

ちらっ

カンガルー

旅は道連れ世は情け

世を渡るには互いに助け合い生きることが大切だということ。

例文

イノシシの子どもたちは、旅は道連れ世は情けの精神でともに成長していく。

旅は道連れ世は情け

つかれた〜
じゃあしばらくぼくがおぶってあげる

ありがと〜！
旅は道連れ世は情けってね！

30分後…
ぼくにもそろそろ情けをかけてほしい…
ヒイヒイ

アニマルメモ

イノシシは鼻の力が強く、人間と同じくらいの重さの石も動かすことができるよ。

クマ

駄目を押す

間違いないとわかっていることを、念のためにもう一度確認すること。

例文

クマは、狩りの前に駄目を押して爪の状態を確認した。

アニマルメモ

クマは嗅覚が非常に優れていて、3km先のにおいを嗅ぎ分けることができるよ。

茶茶を入れる

冗談や冷やかしで話に水を差すこと。話を妨げること。

例文

スズメは、デート中のカップルにしつこく茶茶を入れている。

アニマルメモ

スズメがチュンチュンと鳴くのは、仲間にエサがあることを教えているんだよ。

!?

あんたしっかりしなさいよ〜

スズメ

長蛇の列

非常に長く続いている人の列。

例文

ミーアキャットは、大好きな砂のお風呂に長蛇の列を作っている。

アニマルメモ

ミーアキャットは仲間と共同生活をしていて、見張り、子育て、狩りを交代でおこなうよ。

月とすっぽん

形は似ていても、比べられないくらいに差があることのたとえ。

例文

コーギーとぬいぐるみを抱いたときのぬくもりは月とすっぽんだ。

アニマルメモ

コーギーは、長い間イギリス王室から愛されてきた犬種だよ。

どっちがかわいい？

ウェルシュ・コーギー

プーリー

またまちがえられた…

灯台下暗し

身近な事はかえってわかりにくいというたとえ。

例文

プーリーはいつも飼い主にモップと間違えられる。まさに灯台下暗しだ。

アニマルメモ

プーリーの毛は、敵から身を守るためにモップのような巻き毛になっているよ。

遠い親戚より近くの他人

頼りになるのは、近くに住んでいる他人であるということ。

例文

カピバラは迷子のリスザルを背中に乗せて運んだ。まさに遠い親戚より近くの他人だ。

アニマルメモ

リスザルは、世界ではじめて宇宙旅行をした霊長類だよ。

リスザルとカピバラ

独壇場

自分だけが思い通りに活躍する場所のこと。

例文

ここのドッグランは、アメリカン・コッカー・スパニエルの独壇場だ。

アニマルメモ

「メリー・コッカー（陽気なコッカー）」と呼ばれているほど、明るくて活発な犬だよ。

独壇場

9:00
~
17:00
もードッグラン
閉まるってー
かえるよーっ

おいしそうだなぁ…。

ウサギ

隣の芝生は青い

他人のものがよく見えること。

例文

他の人のごはんはなぜか隣の芝生は青く見えて仕方がない。

アニマルメモ

ウサギの歯は一生伸び続けるから、ごはんをよく噛んで歯を削っているよ。

虎の尾を踏む

きわめて危険なことのたとえ。

例文

ベンガルは虎の尾を踏む覚悟で、隠してあったごはんに手を伸ばした。

アニマルメモ

ベンガルは猫としては珍しく、水を嫌がらず、ときには水遊びをすることもあるよ。

ベンガル

虎の威を借る狐

力のない者が、強い者の権威を頼みにしていばることのたとえ。

虎の威を借る狐

ヘイヘイ！
コウテイペンギンのおとおりだーい！

コウテイだぞーっ
道をあけろ～っ
元気な子だなァ…

だれ？あの子
え?!きみの弟じゃないの!?

例文

コウテイペンギンの子どもは、親がそばにいると堂々としている、虎の威を借る狐だ。

アニマルメモ

コウテイペンギンは世界で1番大きなペンギンで、水中に20分以上も潜っていられるよ。

どうしよう…。

…　…

オコジョ

途方に暮れる

どうすればよいかわからず困り果てること。

例文

オコジョは雪がとけて、自分の体の色が目立ってきたことに途方に暮れている。

アニマルメモ

オコジョは狩りをするとき、体をくねらせるダンスでさいみん術をかけるよ。

取る物も取り敢えず

大急ぎで。大あわてで。

例文

モモンガは寝坊をしてしまい、取る物も取り敢えず学校へ向かった。

アニマルメモ

モモンガのなかにはカンガルーのようにお腹に袋を持つ種類もいるよ。

ビジョン・フリーゼ

ぼくのがかっこいいでしょ？

いーや、ぼくだね

どんぐりの背比べ

どれも似たようなものばかりで、大した違いがないこと。

例文

ビジョン・フリーゼは容姿にこだわりがあるが、まわりから見ればどんぐりの背比べだ。

アニマルメモ

ビジョン・フリーゼはヨーロッパの王や貴族から愛されてきた犬種だよ。

な行(ぎょう)

トテテテ…

七転び八起き

何度失敗しようとくじけることなく、心を奮い立たせてがんばること。

七転び八起き

うう〜っ
またダメだった…

でもあきらめないぞ！
次こそはもっと先まで行ってみせる！

こら！
まだひとりで出かけちゃダメ！
いざ再び出発〜っ
あぶないでしょ！
バタバタバタ

例文

コアジサシは、誰より上手に飛べるように七転び八起きで練習を続けている。

アニマルメモ

コアジサシは上空から一気に海へ飛び込んで魚を捕るよ。

怠け者の節句働き

ふだん怠けている者が、人が休む時に限って働くこと。

例文

ナマケモノは、好きな子の前でだけ働き者になる。まさに怠け者の節句働きだ。

アニマルメモ

ナマケモノが地面に降りるのは、違う木へ引っ越しするときかトイレをするときだけだよ。

逃げるが勝ち

場合によっては、逃げたほうが結果的に勝ちにつながること。

例文

負けず嫌いの弟は逃げるが勝ちとばかりに、お兄ちゃんのボールを奪い去った。

アニマルメモ

ゴールデンドゥードルは、ゴールデン・レトリーバーとプードルのハーフだよ。

まてー！

ゴールデンドゥードル

にげろ〜!!

ノルウェージャンフォレスト

猫の手、借りちゃう?

猫の手も借りたい

非常に忙しくて手が足りず、誰でもいいから手助けがほしい様子。

例文

大人気の猫カフェは、まさに猫の手も借りたいほど忙しい。

アニマルメモ

ノルウェージャンフォレストキャットは、農場や船でネズミ退治の仕事をしていたよ。

猫の額

場所が狭いことのたとえ。

例文

シマエナガの家は、猫の額ほどの広さしかない。

アニマルメモ

シマエナガが身を寄せ合ってごはんを待っている姿は「エナガ団子」と呼ばれているよ。

シマエナガ

スコティッシュフォールド

猫をかぶる

本性を隠しておとなしそうに見せること。

例文

スコティッシュフォールドは、普段はやんちゃでも知らない人の前では猫をかぶる。

アニマルメモ

スコティッシュフォールドは、「スコ座り」と呼ばれる独特の座り方をするよ。

寝耳に水

不意の出来事に驚くことのたとえ。

例文

ナキウサギは予想外の場所に美味しい葉っぱが取れると知り、寝耳に水だ。

アニマルメモ

ナキウサギの大きさは手のひらに乗るくらいで、大人でも体重は150gほどしかないよ。

ナキウサギ

エッ――――――!?

くぅ〜〜〜〜ん
シベリアン・ハスキー

音を上げる

困難な状況などに耐えることができず、泣きごとを言うこと。

例文

シベリアン・ハスキーは友だちとかくれんぼをしていたが、すぐに音を上げてしまった。

アニマルメモ

シベリアン・ハスキーは犬そりのレースで活躍する、寒さにとっても強い犬だよ。

音を上げる

ギブ!!
ギブアップ〜〜!

ヒョコ
も〜〜〜
音を上げるの早すぎ〜っ
だってみんなかくれるのうまいんだもん〜
ガサ

ヒグマ

ここ最高〜♪

根を生やす

その場所に腰を落ち着けて動こうとしないこと。

例文

ヒグマは、新しい動物園の環境が気に入り、すっかりこの場所に根を生やした。

アニマルメモ

実はヒグマの主食はドングリなどの木の実だよ。

は行

ホッキョクグマの親子

這えば立て立てば歩めの親心

子どもの一日でも早い成長を待ち望む親の心のこと。

例文

お母さんホッキョクグマは這えば立て立てば歩めの親心で、子どもの成長が楽しみで仕方がない。

アニマルメモ

実はホッキョクグマの体の色は黒色なんだよ。

箱入り娘

外に出さないようにして大事に育てられた女の子。

例文

クオッカワラビーは箱入り娘で、いつまでも母親がお腹の袋から出さない。

は

アニマルメモ

クオッカワラビーは、笑顔のような顔をしていて「世界一ハッピーな動物」と呼ばれているよ。

クオッカワラビー

シロイワヤギ

ちょっと！おさないでよ〜！

八方塞がり

すべてに差し障りがあってどうしようもないこと。

例文

友だちと遊んでいたシロイワヤギは、気づいたら八方塞がりになっていた。

アニマルメモ

シロイワヤギは、天敵のいない崖の上で一生を過ごすよ。

花より団子

風流なことよりも、利益につながるもののほうがよいということ。

例文

友だちとお花見にきたクオッカワラビーは、花より団子で食べてばかりだ。

アニマルメモ

クオッカワラビーは乾燥に強くて、1週間水を飲まなくても大丈夫だよ。

クオッカワラビー

は

メンフクロウ

羽を伸ばす

束縛するものがなくなって、気ままに行動すること。

例文

メンフクロウは、夏休みは羽を伸ばして、旅行に出かける予定だ。

アニマルメモ

メンフクロウは、人が叫んでいるような鳴き声を出すよ。

腹八分目に医者いらず

食事を食べ過ぎずに控えめにしておけば、健康を保てるということ。

例文

腹八分目に医者いらずと思っているが、大好きなナッツだけはやめられない。

アニマルメモ

野生のハムスターは、土に穴を掘って巣にしているよ。

――よし！
レッサーパンダ

腹を決める

覚悟を決める。決心する。

腹を決める

――よし！

オレは決めたぞ！
お

あやまる覚悟できた？
いや、とぼける覚悟…
だれだ～っワタシのオヤツたべたのは～っ！

例文

ずっと悩んでいたレッサーパンダは、とうとう腹を決めた。

アニマルメモ

レッサーパンダのお腹の色が黒いのは、木の下から見上げたときに暗い葉っぱの色に隠れるためだよ。

えー!?
なにそれ!
ちょっと!
あの話きいた?!
プレーリードッグ

膝を交える

うちとけて語り合うこと。

例文

お母さんプレーリードッグたちは、いつも膝を交えて話し合っている。

アニマルメモ

プレーリードッグは、お尻からきついにおいを出して、相手をいかくするよ。

人心地がつく

緊張から解放されて、ほっとした気持ちになること。

例文

コアラは、算数のテストが終わって人心地がついた。

アニマルメモ

コアラの体からは、主食のユーカリのにおいがするよ。

コアラ

へい！承知！

タテゴトアザラシ

百も承知

十分にわかっていること。

例文

タテゴトアザラシは、大変な役目だと百も承知で学級委員に立候補した。

アニマルメモ

タテゴトアザラシは、ほかのアザラシと比べて水に潜るのが苦手だよ。

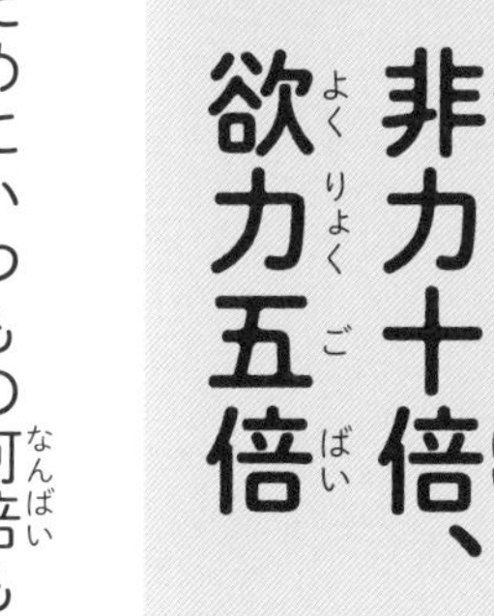

非力十倍、欲力五倍

欲のためにいつもの何倍もの力を出すということ。

例文

ナキウサギは、非力十倍、欲力五倍で大きな葉っぱを運び、立派な巣を作り上げた。

アニマルメモ

ナキウサギは、狭い岩場でも生活できるように、耳や足がとっても短いよ。

ナキウサギ

おりゃー!!

スナネコ

へそを曲げる

機嫌を悪くして意地を張ること。

例文

スナネコはへそを曲げたことを後悔している。

へそを曲げる

おーい
いつまで
怒ってん
だよー
わるかった
ってー
つーん

おいしー
魚も
あるよー
いっしょに
たべて
なかなおり
しよー
ぴく

アニマルメモ

砂漠で生きてきたスナネコの耳は、中に砂が入らないように内側が長い毛で覆われているよ。

イヌ

仏の顔も三度

どんなに優しい人でも、何度もひどいことをされると腹を立てること。

例文

仏の顔も三度までというように、いつも自分のおもちゃを勝手に使う友だちに怒った。

アニマルメモ

犬は「カーミングシグナル」といって、相手や自分を落ち着かせるためにあくびをすることがあるよ。

ま行（ぎょう）

枕を高くして寝る

ぐっすり安心して眠ること。

例文

アザラシ部長は、明日は日曜日なので、枕を高くして寝ている。

アニマルメモ

タテゴトアザラシは生まれてから2週間で、親と離れて生活するようになるよ。

眉に唾を付ける

だまされないように用心すること。

例文

コキンメフクロウは、眉に唾を付けて、何でも確認してから行動をする。

ま

アニマルメモ

コキンメフクロウは、「金色の目をした小さいフクロウ」が名前の由来だよ。

ごめんね。

ううん、
ぼくもわるかったよ。

水に流す

過去のいざこざを、すべてなかったことにして和解することのたとえ。

例文

グレート・ピレニーズは、コーギーとのケンカを水に流すことにした。

アニマルメモ

グレート・ピレニーズはクマからヒツジを守る勇敢な犬だけど、性格はとっても優しいんだよ。

耳を疑う

思いがけない話を聞いて、聞き間違いではないかと思うこと。

例文

モルモットたちは、仲間が他の動物園へ引っ越しをする話を聞いて、耳を疑った。

ま

アニマルメモ

モルモットはいろいろな鳴き声を使い分けて仲間とコミュニケーションを取るよ。

え！ なんだって?!

モルモット

――っていう
ことがあってさ～

うんうん、それで？

パンダ

耳を傾ける

注意して聞くこと。

例文

ジャイアントパンダは、友だちの内緒話に耳を傾けた。

アニマルメモ

ジャイアントパンダは、相手の見た目が気に入らないとカップルにならないことがあるよ。

耳を澄ます

注意を集中させて聞き取ろうとすること。

例文

フェネックは、かけっこのスタートの合図に耳を澄ませている。

アニマルメモ

フェネックは穴ほりが得意で、10mの長さのトンネルを作ることもできるよ。

しーーーーん

フェネック

次はぼくがとってみせるぞ…！

あんな魚のとりかたがあったとは…！

ヒグマ

胸に一物

口には出さないが心の中にたくらみを抱くこと。

例文

ヒグマたちは、見るからに胸に一物ある表情を浮かべた。

アニマルメモ

ヒグマの爪は、人間の指と同じくらい長いよ。

目がない

正しくものが考えられないほど好きで、のめり込んでしまうこと。

例文

マルチーズは、どんなに不機嫌でも、飼い主がくれるおやつに目がない。

アニマルメモ

マルチーズは世界ではじめて可愛がられることを仕事にしてきた愛玩犬だよ。

くれるんですかっ?!

マルチーズ

じーーっ

ネコ

目で見て鼻で嗅ぐ

注意に注意を重ねること。

例文

猫は、本当に葉っぱかどうか目で見て鼻で嗅ぐ慎重な性格だ。

アニマルメモ

世界一大きな猫は、体の大きさが120cmもあるよ。

目は口ほどにものを言う

感情のこもった目は、言葉に出すのと同じくらい気持ちを表すこと。

例文

目は口ほどにものを言うように、メンフクロウの気持ちはいつも相手に伝わる。

アニマルメモ

メンフクロウは、小さな音を聞き逃さないように耳の位置が左右で違うよ。

……

目を凝らす

じっと見つめること。

例文

ユキヒョウは、獲物に狙いを定めて目を凝らしている。

アニマルメモ

ユキヒョウは世界で1番高地に住むネコ科動物だよ。

目を盗む

人に見られないように、こっそり何かを行うこと。

例文

リスは、お母さんの目を盗んでおやつのピーナッツを口に詰めた。

アニマルメモ

リスは雨が降ると自分の尻尾を傘として使うよ。

キョロ
キョロ

目を光らす

不正などがないように、注意して見張る様子。

例文

マヌルネコは、怪しい動きをする者につねに目を光らせている。

アニマルメモ

マヌルネコは約600万年前から姿が変わっていないといわれているよ。

目を光らす

キョ
キョ
なに
やってるの？
見張りさ！

あやしいヤツや
なわばりをあらす
ヤツがいないか
こうして目を
光らせて
いるのさ
へ～
大変だね

夜
ギラッ
ホントに目が
光ってる…！
ごく…

なんですって!?

アナホリフクロウ

目を丸くする

驚いて目を見張る様子。

例文

目の前で友だちが大きなくしゃみをしたことに、アナホリフクロウは目を丸くした。

アニマルメモ

アナホリフクロウは、高い木がない草原で生活している珍しいフクロウだよ。

や・ら・わ行（ぎょう）

!?

ミックス犬

ずるい…。

焼き餅を焼く

嫉妬や妬むこと。

例文

弟ばかりお母さんに構ってもらっていることに、焼き餅を焼いた。

アニマルメモ

実は犬は熱いものを食べるのが苦手な「猫舌」なんだよ。

柳に受ける

されるがままになること。

例文

お父さんギツネは、どんなにしつこく子ギツネがちょっかいを出しても、柳に受けている。

アニマルメモ

キツネがコンコンと鳴くのは、親が子どもを呼ぶときの鳴き声だよ。

キツネ

ムキー！

ぼくも食べたいのにー！

ユキヒョウ

指をくわえる

羨ましがりながら、手出しができないでいること。

例文

ユキヒョウは、仲間が美味しそうにごはんを食べているのを、指をくわえて見ている。

アニマルメモ

ユキヒョウは雪山で生活するために、足の裏には滑り止めの毛が生えているよ。

横やりを入れる

横からあれこれと口を出して、人の行動や会話などを妨害すること。

例文

ジェンツーペンギンは、雪遊びを楽しむ友だちに対して横やりを入れている。

や

アニマルメモ

ジェンツーペンギンは、石を積み上げて丸い形の巣を作るよ。

ジェンツーペンギン
だから言ったのに〜!

さてと、行きますか！

類は友を呼ぶ

似た者同士は自然と寄り集まる。

例文

珍しいクローバー集めが好きなアルパカたちは、類は友を呼ぶで自然といつも行動を共にする。

アニマルメモ

アルパカは放っておくと毛が伸び続けるから、健康を保つには人が毛を刈る必要があるよ。

両手に花

すばらしいものを二つ同時に手に入れることのたとえ。

例文

群れの仲間には両手に花だと羨ましがられるが、モテるサルにも悩みはある。

ら

アニマルメモ

ニホンザルは人間に似ていて、好きなことや嫌いなことが表情でわかるよ。

あたしのが好きなんだから！
いーや、あたしのが好き！
ケンカしないで…

ニホンザル

オオカミのカップル

ずっと一緒だよ。

連理の枝

夫婦の仲睦まじいことのたとえ。

例文

一度もケンカをしたことのないオオカミの夫婦の姿は、まさに連理の枝だ。

アニマルメモ

オオカミの遠吠えは、仲間に居場所を教えたり狩りを始める合図だったりするよ。

渡る世間に鬼はない

世の中には困っているときに助けてくれる人もいるというたとえ。

例文

迷子の馬は、渡る世間に鬼はないと思い、近くにいたウェルシュ・テリアに道をたずねた。

アニマルメモ

ウェルシュ・テリアはキツネやウサギを狩る狩猟犬として働いていたよ。

ウェルシュ・テリアと馬

カンムリガモ
ドヤッ

若気の至り

若さから、勢い任せの行動をしてしまうこと。

若気の至り

今日はみんなでパーティー！
せっかくならカッコよくキメないとね！

ヘイみんな！もりあがってる!?
ざわ
ざわ
ざわ

——ってコトがあったよな～！
ヒイ～
か～っ
若気の至りだったんだよお…

例文

カンムリガモは若気の至りで、パーティーに派手な姿で登場した。

アニマルメモ

カンムリガモは名前に「カモ」とつくけど、実はアヒルの仲間だよ。

笑う門には福来る

楽しそうに明るくしている者には、幸せが巡ってくるということ。

例文

笑う門には福来るというように、笑いの絶えないヒツジの家族は毎日が幸せそうだ。

アニマルメモ

ヒツジの黒目は横に長いけど、暗い場所では丸くなるよ。

笑って損したものなし

いつも明るく笑顔の人は、他人に好かれて幸運を招くということ。

例文

いつも笑顔のウェスティのまわりにはたくさんの友だちが集まる。まさに笑って損したものなしだ。

アニマルメモ

ウエスト・ハイランド・ホワイト・テリアは、「ウェスティ」の愛称で呼ばれているよ。

ニコニコ

ウエスト・ハイランド・ホワイト・テリア

藁にもすがる

まったく頼りにならないものでも頼りにすること。

例文

木から降りられなくなったパンダは、藁にもすがる思いで助けを求めた。

アニマルメモ

ジャイアントパンダの奥歯の大きさは、人間の7倍もあるよ。

我に返る

興奮した状態から普段の状態に戻ること。

例文

遊びに夢中のレッサーパンダは、ごはんの時間になってふと我に返った。

アニマルメモ

全世界のレッサーパンダの70%は、日本の動物園で飼育されているよ。

わ

ヒゲペンギン

我を忘れる

ある物事に夢中になったり、興奮したりして理性を失うこと。

例文

ヒゲペンギンは、美しい雪景色に我を忘れて走りまわった。

アニマルメモ

ヒゲペンギンは、アゴの下にヒゲのような模様があるよ。

和を以て貴しとなす

みんなが相手を大切にして、認め合うことが何よりも尊いということ。

例文

ウサギとヒヨコは、和を以て貴しとなす心を大切にしていて、いつでも仲良しだ。

アニマルメモ

ウサギは鼻をツンツンして仲間とコミュニケーションを取ることがあるよ。

わ

あなたのことが大切なの。
キミのことが大切。

ウサギとヒヨコ

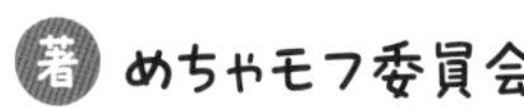

本書の編集を担当する編集長のましろ（ポメラニアン）、編集部員のシェリー（シェットランド・シープ・ドッグ）が発足した、もふかわ委員会。在籍者数2匹。現在、新入部員募集中。

スタッフ

まんが　かげ
デザイン　bookwall
写真協力　GettyImages

動物たちと楽しく学んで語彙が身につく

もふかわ ことわざ・慣用句

2024年6月19日　初版第1刷発行

発行人　永田和泉
発行所　株式会社イースト・プレス
〒101-0051　東京都千代田区神田神保町2-4-7　久月神田ビル
Tel 03-5213-4700　Fax 03-5213-4701
https://www.eastpress.co.jp
印刷所　中央精版印刷株式会社

©metyamofuiinkai 2024, Printed in Japan
ISBN　978-4-7816-2326-9
本書の内容の一部、あるいはすべてを無断で複写・複製・転載することは著作権法上での例外を除き、禁じられています。
本作品の情報は、2024年6月時点のものです。情報が変更している場合がございますのでご了承ください。